AU PEUPLE FRANÇAIS.

AU PEUPLE FRANÇAIS.

SUR SES VÉRITABLES INTÉRÊTS

DANS LA SITUATION PRESENTE.

Par **F. POCHARD**, Avocat.

PARIS,

IMPRIMERIE DE FIRMIN DIDOT FRÈRES,

RUE JACOB, N° 24.

1er septembre 1830.

AU PEUPLE FRANÇAIS.

Qu'une révolution aussi imposante que celle qui vient de s'opérer en France ait pu se faire en trois jours, sans excès, sans violences, au nom de la liberté et sous la seule influence des lois, voilà ce qu'il n'était pas permis d'attendre et ce qui fera des journées des 27, 28 et 29 juillet une des pages les plus brillantes de l'histoire. Mais ce qui peut-être est plus remarquable encore est la modération de ce peuple après ses succès, sa pitié touchante pour les vaincus, son désintéressement à toute épreuve, son respect pour les propriétés et son amour pour l'ordre et la justice, tels qu'il ne s'est jamais écarté de leurs limites.

Cependant on n'a pas eu plutôt déposé les armes que les partis se sont formés. Loin d'imiter le bel exemple de ce peuple qui s'était réuni dans un but commun, le salut de la patrie et l'amour de la liberté, ils se sont divisés, ont affiché des prétentions contraires, et ambitionné, sous des noms républicains ou populaires, l'honneur de gouverner la France, comme si la chambre des députés avait été muette et introuvable, comme si la France l'avait répudiée, comme si les vœux et les intérêts du pays n'avaient été compris ni exprimés par les *deux cent vingt et un*, ces fidèles et courageux mandataires de la nation.

Néanmoins ces partis ont senti qu'on ne pouvait baser l'édifice d'un gouvernement quelconque que sur les ruines de la chambre des députés; dès-lors les députés sont devenus l'objet de leurs vives attaques. On n'a pas rougi de discuter leur mandat, alors qu'ils payaient encore le courage de l'avoir exercé, de leur tête, de leur fortune et de l'avenir de leur famille; on n'a pas craint, pour les renverser, d'invoquer contre eux des principes qui venaient de crouler avec les institutions auxquelles ils se rattachaient; on a été enfin jusqu'à récuser la légitimité de leurs pouvoirs et la légalité de leurs actes.

Les uns, éblouis par la gloire des républiques anciennes ou par la prospérité des États-Unis, demandaient ouvertement un dictateur ou un président, sans s'arrêter à la différence des temps, des lieux, des personnes et des mœurs.

Les autres, encore enivrés de l'éclat de l'empire et oublieux du despotisme, proclamaient Napoléon II, sans penser que la France, loin de se traîner à la suite de l'Autriche, devait marcher en tête de toutes les nations.

Plusieurs avaient l'impudeur d'appeler au trône un prince étranger.

Plusieurs aussi, esclaves trop religieux de leur serment et sectateurs dévoués de la légitimité, dont ils n'osaient secouer les chaînes, élevaient la voix en faveur du duc de Bordeaux, et invoquaient une régence.

Un plus grand nombre se prononçait franchement pour la monarchie constitutionnelle, toutefois en faisant dépendre la nomination du roi d'un appel au peuple ou du choix des députés nommés en vertu de nouvelles élections.

Tous, comme on le voit, applaudissaient au renversement de l'ancien ordre de choses, mais tous voulaient l'exploiter différemment à leur profit.

Dans cette lutte des partis, aucun, il faut l'avouer, ne se crut assez fort pour imprimer un mouvement. Il fallait agir et non délibérer, et tous étaient arrêtés par cet obstacle insurmontable. Cependant le péril était extrême, et devenait plus grave de moment en moment; le moindre retard menaçait de compromettre le salut public, et le gouffre de l'anarchie s'ouvrait déjà sous nos pas.

C'est dans ces circonstances difficiles que la chambre des députés, composée en partie des *deux cent vingt et un*, prit, au péril de ses membres et dans l'intérêt de la France, une initiative devant laquelle avaient reculé tous les partis. Elle n'eut qu'une pensée, le salut de l'état ; elle ne vit qu'une chose, la situation critique où nous étions engagés : dès-lors, ne consultant en rien la nature de ses pouvoirs, certaine de les voir ratifiés par le succès aux yeux de la nation, n'adoptant d'autre principe que la loi de la nécessité, elle proclama le duc d'Orléans lieutenant-général du royaume, et peu de jours après lui offrit la couronne de France au prix d'une Charte dépositaire de nos droits et de nos libertés publiques. Tous les amis de l'ordre et de la tranquillité se rallièrent à l'instant même autour de ce roi citoyen, et cette décision, aussi courageuse que hardie de la part des députés, sauva tout à la fois la France des maux incalculables de l'anarchie et des horreurs d'une guerre civile.

Mécontents de s'être laissé prévenir, trahis dans leur espoir par la conduite aussi ferme que prudente de la Chambre, les chefs des différents partis abandonnèrent momentanément leurs prétentions respectives, pour former contre les députés une ligue encore plus menaçante.

Entre autres chefs d'accusation, et sous le prétexte apparent de servir la cause du peuple, ils leur reprochèrent d'avoir agi sans pouvoir, ou d'avoir outre-passé leur mandat; d'avoir imposé une forme de gouvernement à la France et un roi de leur choix; enfin d'avoir méconnu la souveraineté du peuple et le droit qu'il avait de participer aux affaires publiques.

Étranges reproches, que démentent la tranquillité générale, la confiance dans le gouvernement, l'amour pour Philippe Ier, et que nous laisserions sans réponse s'il n'était nécessaire d'étouffer jusqu'au moindre germe de discorde.

Qui pourrait croire que l'on vienne aujourd'hui de bonne foi contester aux députés la nature de leurs pouvoirs? Quel homme doué d'un peu de sens et de raison, ami de l'ordre et de son pays, oserait les méconnaître?

Ces pouvoirs sont-ils donc, quand même, exactement restreints à un état de choses ordinaires? Ne grandissent-ils pas avec les circonstances? Ont-ils d'ailleurs d'autre base, d'autre fin que l'intérêt du pays, et ce principe ne domine-t-il pas tous les autres? Deux fois délégués aux *deux cent vingt et un* par la confiance publique, nul doute que ces pouvoirs ne leur eussent été de nouveau continués; au surplus, c'est sur l'autel de la patrie et scellés du sang de leurs frères qu'ils les ont recueillis. Quelle investiture plus sacrée! quelle source plus légitime!

Une fois constitués en assemblée délibérante, il était du devoir des députés, il entrait dans leurs droits de créer un gouvernement. Mais jamais ils n'ont eu la possibilité, et encore moins la pensée d'en imposer un de leur choix. Depuis long-temps ce choix était fait par la nation; une expérience de seize années de régime constitutionnel avait appris à la France que cette forme de gouvernement pouvait maintenir sa grandeur et assurer sa prospérité, tant que les libertés publiques, consacrées par une Charte sauvegarde réciproque du prince et de la nation, seraient religieusement respectées. Aussi c'est au cri de la Charte, et pour sa défense, que le peuple a combattu. Ce cri de ralliement, qui a retenti d'un bout à l'autre de la France, indiquait assez combien la nation tenait à la forme de son gouvernement. Or, la chambre des députés, en adoptant la monarchie constitutionnelle, n'a donc fait que sanctionner les vœux de tous les Français.

Il en a été de même du choix du prince appelé à nous gouverner. A peine son nom a-t-il été prononcé, qu'il a été proclamé par acclamation, on peut le dire. C'était tout à la fois raison et justice : il eût été difficile, en effet, de refuser son suffrage à un prince dont les actes justifient chaque jour le portrait que nous en a laissé Paul-

Louis Courrier, l'un de nos écrivains les plus populaires.

« J'aime, disait-il, le duc d'Orléans, parce
« qu'étant né prince, il daigne être honnête
« homme. Il ne m'a rien promis ; mais, le cas ave-
« nant, je me fierais à lui, et, l'accord fait, je
« pense qu'il le tiendrait sans fraude, sans en
« délibérer avec des gentilshommes, ni en con-
« sulter les jésuites. Voici ce qui me donne de
« lui cette opinion : il est de notre temps, de ce
« siècle, non de l'autre, ayant peu vu ce qu'on
« nomme ancien régime. Il a fait la guerre avec
« nous, d'où vient qu'il n'a pas peur des sous-
« officiers ; et depuis, émigré malgré lui, jamais
« il ne fit la guerre contre nous, sachant trop
« ce qu'il devait à sa terre natale, et qu'on ne
« peut avoir raison contre son pays. Il sait cela,
« et d'autres choses qui ne s'apprennent guère
« dans le rang où il est. Son bonheur a voulu
« qu'il en ait pu descendre, et, jeune, vivre
« comme nous. De prince, il s'est fait homme.
« En France, il combattait nos communs enne-
« mis ; hors de France, il a travaillé pour vivre.
« De lui n'a pu se dire le mot : *Rien oublié, ni*
« *rien appris*. Les étrangers l'ont vu s'instruire,
« et non mendier. Il n'a point prié Pitt ni sup-
« plié Cobourg de ravager nos champs, de brû-
« ler nos villages, pour venger les châteaux. De

« retour, il n'a point fondé des messes, des sé-
« minaires, ni doté des couvents à nos dépens;
« mais, sage dans sa vie, dans ses mœurs, il a
« donné un exemple qui prêchait mieux que les
« missionnaires. Bref, c'est un homme de bien.
« Je voudrais, quant à moi, que tous les princes
« lui ressemblassent; aucun d'eux n'y perdrait,
« et nous y gagnerions. S'il gouvernait, il ajus-
« terait bien des choses, non-seulement par la
« sagesse qui peut être en lui, mais par une
« vertu non moins considérable et trop peu cé-
« lébrée. C'est son économie, qualité si l'on veut
« bourgeoise, que la cour abhorre dans un prince,
« mais pour nous si précieuse, pour nous ad-
« ministrer si belle, si.... comment dirai-je?
« divine, qu'avec elle je le tiendrais quitte quasi
« de toutes les autres.

« Lorsque j'en parle ainsi, ce n'est pas que je
« le connaisse plus que vous, ni peut-être au-
« tant, ne l'ayant même jamais vu. Je ne sais que
« ce qui se dit; mais le public n'est point sot,
« et peut juger les princes, car ils vivent en pu-
« blic. Ce n'est pas non plus que je sois son par-
« tisan, n'ayant jamais été du parti de personne.
« Je ne suivrai pas un homme, ne cherchant pas
« fortune dans les révolutions, contre-révolu-
« tions, qui se font au profit de quelques-uns.
« Né dans le peuple, j'y suis resté par choix,

« et, quand il faudra opter, je serai du parti du
« peuple, des paysans comme moi. »

Cet éloge impartial, fait en 1822, alors que
le duc d'Orléans semblait n'avoir aucun espoir
de monter sur le trône de France, et qu'on serait
tenté de regarder comme exagéré, est peut-être
au-dessous de la vérité aux yeux de ceux qui,
depuis notre révolution, ont pu approcher ce
prince, l'entendre, et juger avec quel abandon,
quel plaisir, quelle confiance extrême, lui et les
siens se mêlent parmi nous, écoutent nos réclamations, prennent part à nos souffrances, et
viennent nous prodiguer des consolations ou
des bienfaits. Aussi n'y a-t-il eu qu'une voix sur
son compte, la voix la plus puissante et la moins
suspecte de toutes, celle du peuple.

En cela, comme dans tout ce qui s'est fait, la
souveraineté du peuple, reconnue, sinon par
une déclaration formelle, au moins de fait, a
exercé une influence remarquable. Loin d'avoir
été foulé aux pieds, comme osent l'avancer quelques faux démocrates ambitieux et turbulents,
le principe de la souveraineté du peuple, au
contraire, a surgi de toute sa force. C'est lui
qui a présidé à toutes les mesures adoptées par
les députés et les ministres; c'est pour le con-
sacrer qu'on a supprimé le préambule de la
Charte, donné à la chambre des députés l'initia-

tive des propositions de lois, retiré au roi le droit d'assembler la chambre des pairs hors le temps des sessions, et soumis préalablement l'autorité du monarque à l'impérieuse nécessité du serment. C'est encore en vertu de ce même principe qu'il a participé aux affaires publiques, comme les autres classes de la société, par l'intermédiaire direct des députés, organes vivants des volontés de la nation entière? Tout, comme on le voit, a été fait dans l'intérêt réel du peuple, dont on a consulté les besoins et les vœux. Qu'on vienne dire après cela qu'il est resté étranger au maniement des affaires, et que ses intérêts ont été sacrifiés.

Ainsi disparaissent, devant un examen consciencieux, toutes les récriminations de ces partis contre les députés, auxquels ils ne sauraient pardonner de nous avoir tirés d'un provisoire favorable, il est vrai, à leurs menées secrètes et à leurs projets ultérieurs, mais toujours contraire à la stabilité d'un gouvernement.

Telle est notre position actuelle; telle est aujourd'hui la cause de l'opposition.

Quoique finie de fait, notre révolution laisse encore beaucoup à faire pour rentrer dans l'ordre légal, dont nous sommes sortis momentanément par la force des choses.

Notre premier besoin, le plus pressant de

tous, celui sur qui repose notre avenir tout en-
tier, est d'éviter toute espèce de division. Pour y
parvenir, nous devons dévoiler les manœuvres de
cette faction impie, d'autant plus difficile à combattre, qu'elle se cache dans l'ombre, et dont le
but avéré est d'allumer parmi nous la guerre civile. Le temps n'est pas encore venu de nous en-
dormir dans une sécurité profonde. Croire que
nous n'avons plus d'ennemis à combattre serait
folie. De ce que les prélats gorgés de richesses ne
lancent plus aujourd'hui, du haut de la chaire
évangélique, l'anathème contre les électeurs in-
dépendants; de ce que Montrouge est détruit et
Saint-Acheul désert; de ce qu'un peuple de
courtisans n'assiége plus le budget dans les sa-
lons dorés des Tuileries; de ce que ces ultras,
si dévoués à la cause de Charles X, n'ont, à
quelques exceptions honorables près, osé le
défendre de leurs épées, ou élevé la voix en sa
faveur, en induira-t-on que ces hommes n'ont
pas survécu aux choses, ou qu'ils se tiennent
pour battus, et ne chercheront pas plus tard à
nous ravir les fruits de la victoire? Ce serait vouloir se tromper à plaisir; car ces mêmes
hommes sont encore parmi nous, seulement ils
se cachent, et n'attendent que l'occasion pro-
pice pour lever la tête; comme ils n'ont établi
leur empire que par le jésuitisme, c'est encore

sur lui qu'ils comptent pour faire triompher leurs prétentions. Fidèles à leur vieille tactique, on les verra reparaître au moment où on les attendra le moins. Ce n'est pas, à la vérité, les armes à la main qu'ils viendront franchement, ouvertement réclamer leurs prétendus droits; ce n'est pas non plus sous la protection d'une sainte alliance, qui leur manque complètement aujourd'hui, et qu'un concours de circonstances uniques dans l'histoire seul a pu faire naître; mais nous les verrons, comme par le passé, ourdir encore des complots, fomenter des troubles, gager des agents secrets pour encourager les mécontents; semer l'or à pleines mains pour se créer des partisans; se faire ultra-populaires pour compromettre les noms qui nous sont le plus chers; entretenir des intelligences avec la cour de Rome et les maisons d'Espagne et de Sicile; nous susciter des guerres alors qu'ils nous auront divisés; enfin, déchirer la France, et, pour y rentrer, la démembrer en partie au profit des puissances étrangères. Voilà leurs armes, leurs chances de succès et leur plan d'attaque. Il est un moyen aussi simple qu'infaillible de nous en garantir, et ce moyen c'est l'union; car l'union fait toujours la force : il dépend de nous d'en profiter. Eh ! comment ne pas rester unis quand les intérêts et les dangers sont les mêmes? Nous avons tous également soif de liberté, d'ordre, de justice et de tranquillité. C'est pour la conservation de ces principes, bases de tout gouvernement représentatif, que nous avons vaincu; c'est à les consolider que nous devons maintenant travailler de concert. Jusque-là n'espérons ni trève, ni repos. Doublons nos forces en les rassemblant toutes sur ce point; et, pour atteindre ce but, toujours trop éloigné au gré de nos desirs,

> Peuple, formons une sainte alliance,
> Et donnons-nous la main.

C'est à vous surtout que s'adresse ce refrain du poète de la nation, braves ouvriers, qui avez payé de votre sang la dette de la patrie; vous qui, n'ayant d'autre orgueil que l'estime publique, d'autre ambition que la reconnaissance de vos concitoyens, vous êtes écriés avec l'accent de la vérité, en déposant vos armes : *Nous avons fait notre ouvrage, à leur tour : qu'ils fassent des lois, c'est leur besogne.*

C'est pourtant cette raison si éclairée, c'est ce sens si droit, que d'obscurs écrivains et d'infâmes détracteurs tentent aujourd'hui de pervertir et d'égarer. Ils se disent vos amis et conspirent votre perte. Pour mieux vous abuser et

faire croire à leur sincérité, ils se parent de vos
couleurs, empruntent votre langage, et adop-
tent les titres qui semblent le mieux s'allier avec
vos intérêts personnels. Plus populaires que vous-
mêmes, ils laissent de bien loin derrière eux
vos prétentions légitimes. Dans leur ardeur in-
considérée ils poussent l'impudeur jusqu'à exiger en votre nom des gages que votre désintéressement a cent fois repoussés. Ils osent demander, la menace à la bouche, des garanties dont
on s'occupe activement, mais que le manque de
temps seul n'a pas encore permis de vous donner. C'est en exagérant les maux présents qui
vous frappent, en s'apitoyant sur les pertes et
les sacrifices que vous avez à déplorer ainsi que
nous ; c'est en feignant d'y trouver un remède ;
c'est en déclamant que le peuple a tout fait et
qu'on ne fait rien pour lui ; c'est en s'emparant
malgré vous de la défense de vos droits qui ne
sont pas menacés, que ces Tartufes politiques
espèrent agiter vos esprits, et s'efforcent ainsi de
vous faire sortir de la ligne de justice et de modération dans laquelle vous vous êtes constamment renfermés.

Mais ils se flattent vainement de réussir : ils
vous jugent comme ils nous ont jugés. Malgré la
leçon sévère qu'ils viennent de recevoir, ils ne

peuvent encore se persuader qu'il n'y a plus de populace en France. Aveugles qu'ils sont, ils ne veulent pas voir que les progrès de la civilisation, les lumières de l'instruction et des idées plus exactes d'ordre et de justice ont changé vos goûts, vos habitudes et votre caractère. Ils croient que, semblables au peuple d'Angleterre, l'énergie chez vous est inséparable de la violence, la victoire d'excès, la justice de récriminations, et l'exercice de vos droits de troubles et de désordres. Imbus de ces préventions, ils se livrent à des manœuvres criminelles qui partout seront repoussées; car au lieu de ce qu'ils espèrent, ils trouveront en vous une population d'autant plus calme qu'elle connaît ses droits et ses devoirs, d'autant plus sage qu'elle attend son bien-être du travail et de la prospérité intérieure du pays.

Trop habiles cependant pour reculer devant un premier échec, ils reviendront bientôt à la charge; ils reproduiront leur attaque sous mille formes différentes; ils feront tant et si bien, que si dès à présent vous ne leur opposez une résistance vigoureuse, ils vous tourneront sans peine, et vous amèneront bientôt à composer.

Tenez-vous donc constamment sur vos gardes, si vous ne voulez être tôt ou tard victimes de leurs menées insidieuses. Apprenez à les connaître avant de vous fier à leurs paroles ; sachez ce qu'ils sont, d'où ils viennent, où ils vont ; approfondissez leurs principes ; interrogez leurs actes, suivez leur marche ténébreuse ; ne les perdez pas un instant de vue, et exposez leur conduite au grand jour. C'est ainsi que vous paralyserez leur maligne influence, car ils cesseront d'être à craindre du moment où ils seront connus.

Le principe qu'ils affectionnent et mettent continuellement en avant, est que le peuple ayant tout fait est en droit de tout exiger, et qu'on ne peut rien lui refuser.

Certes nous éprouvons un sentiment d'orgueil à proclamer la gloire immense dont s'est couvert le peuple dans les journées mémorables de juillet ; c'est pour nous un devoir sacré de le reconnaître : mais nous ne saurions, sans la plus noire ingratitude, passer sous silence tous les noms de ceux qui se sont associés aux travaux du peuple, qui ont partagé ses périls, parmi lesquels il a choisi lui-même ses chefs, et qui sont morts martyrs de la liberté. Ainsi donc honneur à jamais à la population de Paris, mais honneur également aux braves de nos trois écoles, à ceux de nos départements et de nos colonies, aux enfants des États-Unis et aux fils de l'étranger dont les dépouilles inanimées reposent confondues dans le même tombeau, comme leurs noms immortels brilleront confondus dans l'histoire !

Nous convenons sans peine aussi que si l'on veut calculer les prétentions du peuple d'après les services inouïs qu'il a rendus à la cause commune, elles peuvent être immenses, exorbitantes même si l'on veut; mais toutefois elles doivent s'arrêter là où elles seraient en opposition formelle avec l'intérêt bien entendu du pays, là où elles n'amèneraient que trouble et confusion dans la marche des affaires, là où elles seraient incompatibles avec les droits de tous. Ainsi donc tel qui, sorti des derniers rangs de la société, et au péril de ses jours, a, par un glorieux fait d'armes, obtenu sur l'ennemi des avantages dont nous recueillons aujourd'hui le prix, peut sans doute prétendre à une récompense nationale et à des honneurs civiques, mais ne peut avoir droit peut-être à un poste élevé dans l'administration, faute de connaissances spéciales pour l'occuper. Ne nous y méprenons pas cependant. De ce qu'aucun élu du peuple n'a jusqu'à ce moment été appelé à aucune charge un peu importante dans l'état, il ne faut pas en inférer, comme voudrait le donner à entendre la malignité, qu'on ne fasse rien pour le

peuple. Entend-on dire par ces mots qu'on aurait dû lui distribuer des récompenses pécuniai-
res, des titres et des emplois? Mais ne devait-
on pas craindre, avec juste raison, de le blesser
en lui faisant des offres que son bon sens et sa
probité l'eussent empêché d'accepter? Il n'y a
qu'une manière de favoriser le peuple, c'est de
travailler à sa prospérité. Or s'il est un règne
présage d'avantages certains pour le peuple,
c'est sans contredit celui de Philippe Iᵉʳ, qui,
juge éclairé des beaux-arts et de l'industrie,
protecteur du commerce, simple dans ses
goûts, aimant à descendre de son rang, habi-
tué à tout voir par ses propres yeux, voudra
qu'il n'existe jamais de barrière entre lui et le
peuple. En attendant qu'une organisation plus
régulière permette d'améliorer l'avenir des ouvriers, on s'occupe sans relâche et avec sollici-
tude d'adoucir leur position présente. Les pre-
miers de tous, les manufacturiers les ont rappe-
lés dans leurs ateliers, et la plupart d'entre eux,
non contents de leur avoir compté leur paie jusqu'à ce jour sans les avoir employés, leur ont
encore fait des avances; déja des secours provi-
soires ont été accordés à ceux qui n'avaient
pardevers eux aucune économie. Dans toutes
les professions on s'empresse d'aider les ouvriers sans ouvrage. Les dons patriotiques af-

fluent de toutes parts, même de chez l'étranger, et se montent déjà à plusieurs millions. La commission centrale elle-même, qui a fixé le terme moyen des secours à accorder, n'attend pour répartir ces fonds à qui de droit, que le travail des diverses commissions chargées de recueillir les faits dans tous les arrondissements de Paris, et qui s'acquittent de cette mission délicate avec autant de zèle que de conscience. Enfin, un crédit de cinq millions vient d'être ouvert à la ville pour commencer de nouveaux travaux, qui, ajoutés à ceux déja entrepris, emploieront un très-grand nombre de bras, et fourniront sur-le-champ des moyens honorables d'existence aux hommes laborieux qui pourraient momentanément en manquer. Supposant que la chute d'une cour fastueuse et dissipatrice pût arrêter l'essor de nos objets de luxe, recherchés par l'étranger avec le même empressement qu'auparavant, l'accroissement de produits utiles et de première nécessité aurait bientôt rétabli la balance et ne tarderait pas à la faire pencher en sa faveur. N'y a-t-il pas quand même des canaux à percer, des routes à ouvrir, des chemins à réparer, des défrichements à faire? voilà de l'ouvrage et pour long-temps, et d'une espèce doublement profitable, puisqu'il enrichit tout à la fois le sol et les habitants.

Mais plusieurs de ces mesures salutaires deman-
deront peut-être plus de temps qu'on ne pense :
qu'importe, pourvu qu'elles aient lieu ? c'est là
l'essentiel, et c'est sur quoi le peuple peut comp-
ter. Ne sait-il pas que le mal est aussi lent à réparer que prompt à faire ? Il sent donc qu'après
une crise aussi violente il faut que l'ordre soit
rétabli et que la confiance renaisse pour que le
commerce puisse reprendre son équilibre et
offrir aux ouvriers ses ressources accoutumées.
C'est à eux de continuer par leur conduite et
leur sagesse à hâter ce moment désirable.

Cependant le soin qu'on prend d'alléger les
souffrances du peuple et de reconnaître autant
que possible ses services signalés et son dévoue-
ment, ne peut l'empêcher de se plaindre de cer-
taines décisions, que nous croyons comme lui
contraires à l'intérêt général ; nous voulons dire
l'hérédité de la pairie et l'inamovibilité des juges.

Les dangers que présente toute espèce d'a-
ristocratie dans un gouvernement représentatif,
le fâcheux inconvénient de voir dégénérer par
l'hérédité de la pairie un des trois pouvoirs de
l'état, l'intérêt dont il est que ce corps soit aussi
ferme qu'éclairé, et ne puisse se recruter de
nullités de famille qui viendraient occuper à
titre successif la place du mérite et du talent,
sont des motifs trop évidents pour n'avoir pas

vivement frappé la chambre des députés. Si elle n'a pas osé prendre sur elle de supprimer l'hérédité de la pairie, au moins a-t-elle eu la sagesse de renvoyer à une autre session la solution de cette question importante, sur laquelle elle se serait infailliblement prononcée, si le reproche de vouloir seule tout régler ne l'avait arrêtée. Que n'a-t-elle usé de la même réserve touchant l'inamovibilité de la magistrature! mais loin de là; et par une anomalie qu'on ne sait comment expliquer, c'est à l'instant même où elle venait de renverser le principe de l'inamovibilité qui couvrait les pairs, qu'elle s'est imposé l'obligation de le respecter à l'égard de la magistrature. Elle a cru qu'il suffirait de changer les parquets pour remédier à tout, tandis que depuis cette décision les serments motivés des juges, leur langage équivoque ou leurs réticences lui ont appris que le mal existait toujours et ferait de rapides progrès en raison de l'impunité. Il est vrai de dire, pour l'honneur de la chambre, qu'une considération des plus puissantes a peut-être enchaîné sa volonté; elle a craint qu'une épuration dans la magistrature ne compromît trop d'existences et par suite ne fût la cause de troubles quelquefois difficiles à comprimer dans un moment où tout est remis en question : mais au moins fallait-il attendre, ou

plutôt prendre un *mezzo termine*, et ne pas as-
sumer sur soi une responsabilité aussi grande
en prononçant, ainsi qu'elle a fait, d'une manière
irrévocable.

Parmi les personnes sur qui se sont fixés les
choix, quelques noms aussi semblent peu populaires, ou, pour mieux dire, n'offrent pas
les garanties que la nation est en droit de
demander à ceux qui aspirent à la diriger.
Sans nous rendre l'écho des mécontents, nous
pouvons avancer qu'il existe, même dans le mi-
nistère, des noms étonnés de se trouver ensem-
ble. D'autres n'ont ni les qualités ni les connaissances nécessaires aux emplois qu'ils remplissent;
l'influence de la faveur et des protections s'est
peut-être fait trop sentir, et tient éloignés le véritable mérite et les hommes de bien ; en général, on regrette qu'on ait apporté autant de
précipitation dans les nominations. Qu'en résul-
tera-t-il? c'est qu'avant peu un remaniement
deviendra indispensable. C'est sans doute un inconvénient; mais au moins le temps aura man-
qué au mal qui aurait pu se faire. A Dieu ne
plaise cependant que nous entendions faire d'un
examen trop léger dans les choix un chef d'accusation contre le nouveau gouvernement! Nous
reconnaissons au contraire qu'il y a dans son
fait une entière sincérité, et un gouvernement

est toujours excusable quand il agit de bonne foi. Quel est quand même le gouvernement qui peut se flatter de ne jamais se tromper, surtout dans des circonstances aussi pressantes que celles où nous nous trouvons? Les avenues du pouvoir, bien qu'encombrées momentanément d'une foule de solliciteurs républicains, consulaires, impériaux et royalistes, sont cependant libres aujourd'hui, et la liberté de la presse permet d'éclairer la couronne. Si quelques nouveaux élus d'ailleurs ne peuvent justifier, par la noblesse de leurs caractères et la fixité de leurs principes, le choix qu'on a fait d'eux, ils le rachètent au moins par d'immenses talents ou de hautes capacités. Mieux vaudrait, à notre avis, moins de savoir et plus de probité et d'honneur; mais l'opinion publique est seul juge compétent: elle les traduira à sa barre, et s'ils n'obtiennent sa sanction, force leur sera de se retirer. Déja même plusieurs, en envoyant leur démission, ont été au-devant de ce jugement.

S'il arrivait que ces hommes parvinssent à se perpétuer au pouvoir en égarant l'opinion publique, comptez qu'ils ne s'y maintiendraient pas long-temps sans votre assentiment; car vos droits ne sont pas méconnus, et le droit de pétition surtout, le plus sacré de tous sans contredit, vous mettrait à même de les atteindre.

Qu'on n'aille pas dire que ce droit n'est qu'un vain simulacre de pouvoir, et qu'on n'écoutera pas vos réclamations ; vous savez déja à quoi vous en tenir à cet égard. Le contraire est positivement prouvé par l'exercice que vous venez de faire de ce droit auprès de M. le préfet de police, qui, après avoir écouté attentivement les motifs produits à l'appui de votre demande en renvoi des ouvriers étrangers, vous a détournés de ce projet par des observations pleines de justesse, à la sagesse desquelles vous avez cru devoir vous rendre. Vous pouvez agir de même vis-à-vis du monarque, et lui exposer, toutes et quantes fois que vous le jugerez convenable, vos plaintes ou vos espérances par voie de pétition, si mieux vous n'aimiez communiquer avec lui d'une manière plus directe encore ; car sa bienveillance marquée pour le peuple et sa confiance en lui le rendent tellement accessible, qu'on lui a déja décerné les noms de PHILIPPE LE NATIONAL, ou *le Populaire*. Sa dernière proclamation n'est-elle pas quand même une nouvelle garantie de vos droits ? Quand il déclare en termes formels qu'*aucune réclamation ne sera étouffée, aucun intérét oublié, aucun fait méconnu ; qu'il ne manquera ni dans l'avenir à ses promesses, ni dans le présent à ses devoirs,* il contracte par cela même l'obligation d'écouter jusqu'au dernier de ses sujets. A ce titre, le peuple peut désormais, avec la certitude d'être compris et entendu, signaler à l'attention du prince les choix commandés par l'opinion publique, l'éclairer sur ceux surpris à sa religion, dénoncer les notabilités ambitieuses, récuser les incapacités, et exercer ainsi une espèce de justice distributive.

Mais si vous tenez de la Charte nouvelle et de la liberté de la presse le droit de réclamer la justice, gardez-vous de croire pour cela que vous puissiez vous en rendre vous-mêmes les organes. La marche de la justice ne paraît quelquefois lente que parce qu'elle est posée et réfléchie de sa nature. Son autorité tient à sa prudence ; sachez donc l'attendre ; autrement vous sortiriez de l'ordre légal, dont il n'est permis à personne de s'affranchir, ainsi que vous l'a dit le roi, et auquel il est soumis lui-même.

Songez que, si l'égalité aux yeux de la loi est la même pour tous, la liberté cependant ne consiste qu'à pouvoir faire ce qui ne nuit pas aux droits d'autrui. Réglez-vous toujours d'après ces principes d'ordre public. Que si quelques fauteurs d'anarchie venaient, se glissant parmi vous, vous prêcher une doctrine contraire, et tentaient d'exciter des troubles et de vous entraîner à la

licence en vous présentant l'image de la liberté,
n'hésitez pas à les déclarer traîtres à la patrie;
courez sus, assurez-vous de leur personne, arrachez le masque qui les couvre; et dans ces artisans de désordre, dans ces démagogues improvisés, vous reconnaîtrez sans peine des auxiliaires de la congrégation, des hommes repris
de justice, des espions, des prêtres indignes de
leur sacerdoce, des gendarmes déguisés, des vagabonds ennemis de la tranquillité, des misérables qui ne peuvent et ne veulent se livrer à
aucun métier, enfin le rebut de la société entière. Déja vous avez repoussé par des protestations énergiques leurs perfides conseils, et désavoué ceux d'entre vous qui par faiblesse ou par
simplicité avaient cédé à leurs coupables suggestions. Vous avez fait plus encore, en vous
réunissant pour porter secours sur les points où
s'annonçait le désordre, en dissipant les rassemblements où s'agitaient les propositions d'incendie, de destruction des machines et de pillage,
et en arrêtant vous-mêmes ces provocateurs de
discorde. Pour votre gloire et pour le repos de
tous, nous vous dirons : Agissez toujours ainsi :
recommandation superflue sans doute; car les
hommes qui, sans guides et sans chefs, exaltés par la victoire, ont, au sein des désordres

d'une guerre intérieure, respecté les propriétés confiées à leur honneur, voudront encore les respecter en temps de paix. Vous savez tous d'ailleurs que les devoirs de l'homme et du citoyen dérivent de ces deux principes gravés par la nature dans tous les cœurs :

Ne faites pas à autrui ce que vous ne voudriez pas qu'on vous fît.

Faites constamment aux autres le bien que vous voudriez en recevoir.

En conséquence, c'est dans le travail libre, exempt de monopoles et de droits onéreux, que vous chercherez une amélioration à votre sort : c'est de lui seul, en effet, que vous devez l'attendre ; car aucun de vous n'ignore que le travail forme la véritable richesse du peuple, et que la source en est dans les arts, l'industrie, l'agriculture et le commerce, dont la prospérité est inséparable de l'ordre et de la tranquillité. C'est donc servir votre propre intérêt que d'appuyer et exécuter toutes les mesures propres à rétablir l'ordre, combattre les abus et prévenir les dissensions intestines. Or, vous vous êtes montrés trop amis des destinées de la France, trop jaloux de sa grandeur, trop fiers de son éclat, pour qu'on puisse douter qu'après avoir contribué avec tant de courage à l'affranchir d'un joug odieux, vous ne concouriez aujourd'hui avec le même zèle à sa sécurité, et ne lui rendiez sous ce rapport le nouveau service qu'elle réclame de votre patriotisme.